AF349508

RÉPONSE

A UN E'CRIT

INTITULÉ

LETTRE PASTORALE

AUX PROTESTANTS

DE FRANCE

TOMBEZ

PAR LA FORCE DES TOURMENTS.

A PARIS,

Chez DANIEL HORTHEMELS, rüe de la Harpe, au Mœcenas.

M. DC. LXXXVI.

AVEC PERMISSION.

REPONSE

A VN E'CRIT

INTITULE'

LETTRE PASTORALE

AUX PROTESTANTS

DE FRANCE

TOMBEZ PAR LA FORCE DES TOURMENTS.

L ne faut que voir le titre de cette Lettre, pour juger de quel esprit étoit animé celuy qui l'a écritte, & qu'elle idée il a voulu donner de ce qui s'est passé en France à l'égard des Protestants. Qui ne croiroit en lisant cette expression outrée, (*des tombez par la force des tourmens*) qu'on n'a employé pour leur conversion que le fer & le feu, que les bourreaux & les gehennes.

On ne nie pas que le Roy ait jugé à propos de se servir de son authorité pour faire réüssir un dessein aussi pieux, & qu'il n'ait crû pouvoir faire aujourd'huy ce qu'ont fait autrefois les Empereurs Chrestiens dans un cas pa-

A ij

reil, afin de retirer ſes Sujets de la funeſte ſecurité dans laquelle le malheur de leur naiſſance & la force de l'habitude les retenoit depuis ſi long-temps, mais ce n'a eſté qu'à l'extremité qu'il s'y eſt reſolu : & l'Egliſe ſe ſeroit contentée d'employer pour cela la force des raiſons, ſi apres pluſieurs exhortations vainement reiterées, on n'avoit reconnu que la ſeule perſuaſion ne ſeroit pas capable d'arracher des erreurs auſſi enracinées. Il falloit ou renoncer à la penſée de faire ceſſer le Schiſme en France & laiſſer perpetuellement ſubſiſter des levains de diſcorde dans l'Etat, ou ſe reſoudre de joindre les menaces aux exhortations, afin que la crainte diſpoſaſt les eſprits à recevoir l'inſtruction. Saint Auguſtin aprouva la ſeverité de l'ancienne Egliſe contre les Donatiſtes, quand elle vit les heureux ſuccez qu'elle avoit produite. La conduite qu'on a tenuë en France à l'égard des Proteſtants, ſe juſtifie par des ſuccez beaucoup plus ſurprenâns : outre qu'on doit avoüer à la loüange de noſtre grand Monarque, que jamais perſonne avant luy, n'a ſçû ſi bien l'art de temperer la ſeverité par la douceur, car s'il a eſté obligé quelque fois de parler en maiſtre, on l'a veu toûjours agir en Pere ; s'il a quelquefois levé le bras, ſa bonté le luy a quaſi toû-

jours retenu, & il n'a jamais frapé qu'à regret:
Au fonds ce que l'Autheur de la Lettre Pasto-
rale appelle en style de Declamateur des
cruautez & des barbaries inoüies, n'a esté autre chose qu'un logement de Gens de Guerre
à l'ordinaire, qui à la verité a fait souffrir les
gens dans leurs biens mais jamais dans leurs
personnes; les Officiers des Troupes entrants
dans l'esprit du Maistre, n'ont eu d'autre ap-
plication que celle ·de deffendre & d'empescher les violences, & si malgré leurs précau-
tions, il s'en est commis quelqu'une, ou elle
n'a pas esté sceüe, ou elle a esté punie sur
le champ.

Une marque de cette verité, c'est que cet
Autheur seditieux qui sçait si bien peindre les
choses, qui leur donne de si fortes couleurs
quand il luy plaist, & qui va jusqu'à outrer
mesme les exagerations, ne marque aucuns
exemples de ces barbaries inoüies, & que toutes ces cruautez horribles des dragons se redui-
sent selon luy-mesme à avoir empesché leurs
Hostes de dormir. Mais il a beau faire, il a
beau ternir la gloire du plus grand evenement
que Dieu ait jamais accordé à aucun Prince de
la Terre: malgré luy, malgré tous les efforts du
demon il ne mourra jamais dans la memoire
des hommes, & l'on ne pourra s'empescher

d'y reconnoiſtre le doigt de Dieu, ſi l'on conſidere avec quelle rapidité tant de Villes, tant de Provinces ont eſté ramenées à l'obéïſſance de l'Egliſe, ſans qu'il en ait couſté une ſeule goutte de ſang. Auſſi l'Autheur de la Lettre étonné de cet évenement miraculeux qu'il appelle une defection generale & une chutte qui en fait tomber mille à droit & mille à gauche, avoüe qu'il ne peut s'empeſcher d'en fremir. Il a raiſon ſans doute, mais ce devroit eſtre d'un ſaint fremiſſement, qui l'obligeant de donner gloire à Dieu, luy fit employer ſes grands talens à exalter les merveilles de la Providence, à faire admirer les choſes magnifiques que Dieu a voulu faire en nos jours & à reſtituer à l'Egliſe les droits & les prérogatives qu'il s'efforce de luy oſter.

Cet Autheur ne ſe contente pas de peindre des plus noires couleurs la plus grande, la plus éclatante & la plus loüable de toutes les actions, ſon eſprit inquiet & malin ne peut ſoufrir que ceux quil appelle Tombez, joüiſſent de la tranquillité que leur converſion leur a procurée; il taſche par toutes ſortes de moyens d'allarmer leur conſcience, d'ébranler leur fidelité, & de les porter à la deſobeïſſance & à la revolte. C'eſt icy qu'oubliant qu'il eſt né le ſujet de noſtre Auguſte Prince, il

déploye tous les traits de son éloquence & se
sert de tout ce que l'Art a accoustumé de
mettre en pratique pour émouvoir les esprits.
Il leur peint d'un costé la grandeur & l'enor-
mité de leur faute, & leur fait voit de l'autre
les enfers ouverts prests à les engloutir, s'ils
ne se relevent promptement de leur chutte,
& tout cela avec des figures si vives & un ton
si menaçant qu'il n'y a point d'ame qu'il ne
fust capable de jetter dans le dernier desespoir.
Heureusement il ne s'addresse qu'à ceux qui
sont tombez par la force des tourmens, & il
declare qu'il n'entend point parler à ces lâches
Chrestiens, qui vont d'eux-mesmes porter leur
noms, parce, dit-il, qu'il n'y a plus pour eux
de sacrifice, mais une attente terrible des ju-
gemens de Dieu, sans se souvenir que cette
delicatesse qu'il affecte en cette occasion, n'a
jamais esté en usage dans sa communion ; &
l'on a toujours receu indifferemment toutes
sortes de relaps, mais pour donner plus de
poids à sa lettre, il ne falloit pas qu'il s'en tint
là. Consolons-nous donc puisqu'il veut bien
se restraindre aux seuls Tombez par la force
des tourmens ; car sur ce pied là sa Lettre ne
nous fera pas un fort grand mal.
Au reste quand cet Autheur fait une com-
paraison des Chrêtiens qui tomboient par foi-

bleſſe au temps de la perſecution avec nos Nouveaux Convertis, il ſe met à la place de ces ſaints Peres dont il emprunte les expreſſions & les reparties qu'ils faiſoient aux foibles il nous fait l'honneur de nous mettre à celle des Payens de ce temps-là. Comme il a bien preveu qu'une réunion à l'Egliſe Romaine conſiderée ſur le pied d'une ſocieté chreſtienne, ne paroiſtroit pas un aſſez grand crime & ne donneroit pas aſſez de lieu à ſes doclamations & à ſes reproches, il a bien fallu qu'il en fiſt une ſocieté payenne. C'eſt pour cela qu'il compare par tout la faute des pretendus Tombez à celle de ces mauvais Chreſtiens qui alloient anciennement offrir de l'encens aux Idoles, qu'il la qualifie du nom d'apoſtaſie, de blaſpheme, & qu'il appelle les Paſteurs qui ont changé des demons volages. C'eſt pour cela encore qu'il avertit les Tombez, que ſa Lettre eſt le troiſiéme chant du Coq, que comme leur crime eſt ſemblable à celuy de ſaint Pierre, il faut qu'ils imitent ce ſaint Apoſtre en ſortant promptement de la maiſon de Caïphe, & qu'aprés avoir renié Jeſus-Chriſt publiquement, ils devoient le confeſſer auſſi publiquement.

En verité on eſt ſurpris qu'un homme noury dans le ſein du Chriſtianiſme, puiſſe por-

ter la fureur de la calomnie jufqu'à ce point
là, que d'appeller ceux qui fe reüniffent à l'E-
glife Romaine, des apoftats, des blafphema-
teurs & des Demons qui renient Jefus-Chrift.
La feule propofition fait horreur, & l'on ne
croit pas devoir s'arrêter à combattre une
opinion auffi damnable & auffi vifiblement
fauffe. On fe contentera donc pour la con-
folation de ceux qu'il appelle Tombez, de
faire voir par l'aveu même d'un des plus illu-
ftres du Party, que cette opinion lui eft par-
ticuliere, & ne fut jamais celle des autres
Proteftans. Voicy ce qu'il dit parlant de la
croyance de l'Eglife Romaine : Elle adore le
même Jefus-Chrift que nous adorons, elle
confeffe l'unité de fa Perfonne & la verité de
fes deux Natures, le croyant Dieu eternel de
même fubftance que le Pere & le Saint Efprit,
& homme fait en temps de la chair, de la
bien-heureufe Vierge, femblable à nous en
toutes chofes, hormis le peché, vrayement
Emmanuel comme nous l'avoient promis les
anciens Oracles : Elle reconnoift la verité,
l'utilité & la neceffité de fes fouffrances, &
prefche comme nous que fon Sang a expié
les crimes du genre-humain, & que le falut
de l'Univers eft le prix de fa mort. Elle le
croit affis dans les Cieux à la dextre de Dieu

son Pere ; elle l'attend au dernier jour pour juger le Monde, & espere de sa grace la bien-heureuse immortalité. Elle donne à ses Enfans le Baptême qu'il nous a institué. Elle les repaist de l'Eucharistie. Elle leur recommande la pieté envers lui & la charité envers les hommes, &c. Certes, ajoûte-t-il, nous ne pouvons ni ne voulons nier que l'Eglise Romaine ne croye encore aujourd'huy toutes ces saintes veritez. Qu'on juge aprés cela si c'est renier Jesus-Christ que de se joindre à une Societé qui enseigne toutes les choses que nous venons de rapporter.

hic paroles notables

Mais nous esperons que les Pretendus Tombez, à qui s'addresse nostre Autheur, seront bien-tost eux-mêmes les Défenseurs de nostre sainte Religion, & qu'au lieu de se faire les illusions que craint cet Autheur, ils s'appercevront de toutes celles qu'on leur a faites autrefois. Que leur Réünion sera non seulement exterieure, mais interieure & sincere, & qu'au lieu de songer à amasser des richesses pour les transporter dans des Terres Etrangeres, ils ne songeront plus qu'à se faire un thresor de bonnes œuvres, pour meriter un jour les glorieuses récompenses, que Dieu promet à ceux qui l'auront servi fidellement.

A l'égard des Pasteurs qui ont abandonné

ce tître ufurpé, pour devenir de fimples Bre-
bis du Seigneur: on les exhorte d'en repren-
dre l'efprit, & de pardonner à cet Autheur
envenimé tous les traits qu'il a pouffez contre
leur honneur & leur reputation, afin que cet
exemple de moderation ferve à le corriger &
à le faire r'entrer en luy-même: Et pour nous,
nous prierons ce grand Sauveur qui a rache-
té fon Eglife par fon Sang, d'en eftre luy-
même le Défenfeur & le Bouclier, & d'infpi-
rer fi bien cet Autheur qu'il ne fonge plus
deformais à l'outrager, mais pluftoft que r'en-
trant dans fa communion, il reconnoiffe à
tous fes divins characteres, qu'elle eft verita-
blement l'Epoufe de JESUS-CHRIST à qui
feule appartiennent ces precieufes promeffes
qu'il a faites d'eftre avec Elle jufqu'à la fin
des fiecles.